UNA FLOR DE CEMPASÚCHIL

Alejandro Badillo

Hola, yo soy Peluche, una gata de siete años de edad. Soy de color crema, tengo las orejas oscuras, rayas en la cola y a un lado de los ojos. Dicen que mi papá es un gato siamés bastante aventurero y, mi madre, una gata color negro. En realidad no sé mucho de mi primera infancia. Sólo sé que, un buen día, llegué a vivir al departamento de la familia López compuesta por Rodrigo, Frida y Matías, su hijo pequeño, de casi dos años de edad. Vivimos en relativa paz en una colonia cercana al centro de Puebla.

Rodrigo, el padre de familia, me puso de nombre "Peluche", quizás porque fue lo primero que le vino a la mente después de acariciarme. Yo hubiera querido un nombre más distinguido, quizás el de una princesa rusa o árabe, pero no se puede tener todo en la vida, es decir, en las nueve vidas que tiene un gato. Para colmo de males, Rodrigo me mandó a hacer un pequeño dije plateado en forma de corazón que está prendido a un collar rojo. Me lo ponen y lo quitan según su humor. A veces, cuando estoy perdida en mis ensoñaciones, imaginando que comando un ejército de gatos que aniquilan a la raza humana, miro mi reflejo en un cristal y lo primero que veo es el dije con el nombre "PELUCHE" en grandes letras color rosa.

Debo contar más cosas de mí: soy, como todos los gatos, bastante orgullosa y muy consciente de mi papel en el mundo. Los gatos que tenemos sangre oriental asumimos con seriedad nuestra larga genealogía y siempre tratamos de estar a la altura de las circunstancias. Somos descendientes –al menos yo una parte– de gatos nobles y debemos conducirnos con propiedad. Por eso dosifico mis muestras de afecto a pesar de que los López cumplan todos mis caprichos. Tengo comida de buena calidad y un buen sitio para dormir junto a su cama. Cuando nació Matías pensé que mi lugar en la escala social de la familia descendería, pero después de unos meses de ajetreo, vacunas y visitas al pediatra, todo volvió a la normalidad. Matías y yo nos llevamos bien, aunque a veces el pobre no sabe interactuar con una gata como yo y me babea o intenta jalarme los bigotes. Supongo que, cuando crezca, entenderá con quién está tratando y mostrará la misma devoción que me tienen sus padres. Mientras tanto, tengo que mantener la distancia cuando los juegos del niño no me convienen y huyo a un lugar seguro en lo alto de un armario.

Los gatos, por más aventureros que seamos, nos distinguimos por ser guardianes de los hogares que habitamos. Somos la esencia del territorio que compartimos con los humanos. Por eso yo soy testigo privilegiado de la vida de los López. A veces me siento como una gata científica, una antropóloga gatuna que mira las aventuras y desventuras de la familia que adopté. Los López, por ejemplo, viven sus días inmersos en la rutina: trabajo de lunes a viernes y descanso los fines de semana. En realidad, decir descanso es poco exacto, porque los

López dedican sábados y domingos a hacer compras, arreglos del departamento, más compras, visitas familiares y más compras. Por eso apenas pueden recuperar el aliento para empezar, de nuevo, el lunes. Creo que muchos humanos hacen lo mismo. Al inicio me preguntaba la razón por la cual pasan tanto tiempo despiertos, haciendo llamadas por sus teléfonos celulares, mirando televisión, conviviendo con otros humanos en fiestas que se prolongan por muchas horas. Sus vidas podrían ser muy fáciles si se concentraran sólo en obtener comida y dedicar el resto del día a dormir y soñar. Claro, mi juicio podría parecer ventajoso, considerando que tengo comida y techo gratis, pero les aseguro que, si estuviera en la calle, me las arreglaría para sobrevivir respetando siempre mis horas de sueño. Soy buena

cazadora y mis garras están listas para ace-
char a cualquier presa.

Rodrigo trabaja llevando la contabilidad de una fábrica en las afueras de la ciudad. Desde que lo conozco tiene ese empleo. Es –como muchos que se dedican a la administración– un tipo ordenado, poco propenso a las pasiones exageradas. Acaso lo único que lo hace levantar la voz es alguna travesura de Matías o algún gol del América, su equipo de futbol favorito. Frida, por el contrario, es una persona más temperamental. Se emociona fácilmente y ríe o llora a la menor provocación. A veces me pregunto cuál tipo de temperamento heredará el niño.

Mi historia comienza una tarde calurosa de finales de mayo. En México el clima depende de la región en dónde estés. Si vas al norte encontrarás mucho calor en primavera y verano; en el centro del país, la zona en donde está Puebla, el clima no es tan extremo. La temperatura es relativamente templada y sólo las lluvias abundantes trastornan un poco las vidas de las personas. Si alguien se pregunta cómo puede saber tanto del clima una gata que no sale de casa, le diré que –además de comer y dormir– necesito ejercitar el intelecto. Así que, cuando nadie me ve, mientras ellos están en sus trabajos y Matías en la guardería, trepo por uno de los libreros que están en la sala y, con mucho cuidado, abro algún libro al azar. Por fortuna, Frida es una muy buena lectora y tiene una biblioteca con títulos de temas muy diversos: literatura, historia, ciencias, incluso cómics. En las mañanas, después de que se cierra la puerta y el departamento se queda en silencio, comienzo un libro nuevo o continúo con la lectura del día anterior. Gracias a eso tengo una buena idea de cómo es el mundo, sus complejidades y sus riquezas. Esa tarde de mayo apenas corría el aire, los árboles estaban estáticos y el asfalto de las calles hervía. La ciudad de Puebla estaba en plena actividad y yo leía un libro sobre las tribus del norte de África. Estaba a punto de cambiar de página cuando escuché que alguien subía las escaleras principales del edificio. Los gatos tenemos el oído muy sensible y detectamos muchos tipos de sonidos, incluso algunos que no pueden percibir los humanos. Eran los pasos de alguien conocido. Así que dejé el libro en su lugar y salté al sillón más cercano. Unos segundos fueron suficientes para que supiera que el señor López estaba por llegar. Pronto escuché el sonido de la cerradura y del picaporte. Lo vi entrar, dejar junto a una maceta su portafolio y dedicarme una mirada larga y triste. Después fue a la recámara y sacó un sobre grande que estaba bajo el colchón.

"Muy bien. Estoy buscando la póliza de seguro", escuché que decía por su teléfono celular.

Desde un buró lo vi revolver unos papeles. Estaba muy preocupado, pero aún no descubría la razón de su congoja. Metió un papel en un folder, fue a la cocina para tomar un vaso con agua y salió casi corriendo del departamento.

¿Qué era lo que había pasado? El señor López era muy celoso de su trabajo y casi nunca se ausentaba. Solamente había faltado cuando Matías tuvo fiebre y tuvieron que llevarlo al doctor. Los gatos, como lo sabe todo el mundo, somos muy curiosos y esa curiosidad no se limita a averiguar el escondite de algún bicho sino a todos los asuntos concernientes a los humanos, nuestros vecinos. Subí a un sillón que daba a una ventana y, desde ahí, me asomé: el auto del señor López no estaba. La calle, casi vacía, parecía nostálgica.

Traté de distraerme hasta que dieran las 4 de la tarde, la hora en que regresaba la familia. Dormité un poco, fui por un poco de comida a mi tazón, y avancé un poco más en el libro que estaba leyendo. Después de un rato abandoné la lectura y coloqué el libro en su lugar. Yo soy muy cuidadosa y siempre dejo todo en orden. No quiero que los López sospechen que tienen una gata lectora. Cuando estaba a punto de hacer una nueva siesta, Frida llegó con Matías. Sin tomar ningún respiro, llevó al niño a una de las recámaras y comenzó a hablar por su teléfono:

— Sí, mamá, mi suegro está en el hospital. No saben muy bien qué tiene. Está en terapia intensiva.

Iba y venía, nerviosa, por el departamento.

— En cuanto sepa más te aviso. Gracias. Cuídense.

Siempre, cuando estaban en el teléfono, tenía que hacerme una idea de lo que estaban diciendo las personas del otro lado. A veces era difícil adivinar, pero siempre podía hacerme una bosquejo de lo que hablaban gracias a mis poderes de deducción, que son casi tan buenos como mi elasticidad y mis elegantes brincos cuando persigo a una mosca. Frida dejó el aparato en la mesa de centro de la sala y regresó a la recámara principal. Yo fui tras ella. Prendió el televisor y estuvo un buen rato mirando, sin mucha atención, un programa de cocina. Supe, instintivamente, que ella quería que el tiempo transcurriera más rápido. Sus labios temblaban ligeramente. El pequeño Matías estaba dormido.

Esa noche no llegó Rodrigo a dormir. Frida lo llamó por teléfono varias veces. Le decía que todo estaría bien, que no se preocupara. Yo, tumbada en mi manta, afinando el oído, escuchaba la voz apagada de él. Captaba palabras al azar: cabeza, sangre, recuperación. Un poco de viento refrescó el ambiente. Matías seguía dormido en su cuna, ajeno a lo que estaba ocurriendo. Frida, al fin, apagó la lámpara del buró y programó el despertador para el siguiente día. No pudo conciliar el sueño de inmediato. Desde donde estaba podía percibir su respiración y los movimientos que hacía bajo las sábanas. Pensé que se debía sentir sola, al igual que el Rodrigo y su padre. Recordé al señor: un hombre de cabello canoso, a veces serio, pero afable en el fondo. Iba pocas veces al departamento. Yo, al inicio, no simpatizaba mucho con él. Una vez dijo, en una comida familiar, que no le gustaban los gatos porque uno lo había atacado cuando era niño. Yo, por supuesto, traté de ignorar sus palabras. Los gatos podemos ser feroces, pero nunca atacamos sin ninguna provocación. Cuántas veces he escuchado esa misma historia en boca de otras personas. Sin embargo, ahora que lo imaginaba en una cama de hospital, quizás inconsciente, rodeado de muchos aparatos, no podía sentir más que pena. Abandoné mi lugar y me acosté a un lado de Frida. Ella sacó la mano de las sábanas y me acarició el lomo hasta quedarse dormida.

Los días siguientes fueron similares. Frida regresaba del trabajo con Matías y, después, hacía varias llamadas a Rodrigo que estaba en el hospital. A veces eran conversaciones largas. Supongo que él no podía hablar muy fuerte y por eso apenas podía escuchar lo que decía. Toda la historia me llegaba a través de Frida. El padre de Rodrigo se había desvanecido en su casa y tenía una hemorragia cerebral. Vivía solo, pues su mujer había muerto hacía varios años. Un vecino lo había ido a buscar y, gracias a eso, lo pudieron atender para llevarlo al hospital.

Un domingo en la noche, mientras Frida se hacía un café en la cocina, llegó una nueva llamada. Todo fue muy rápido: la voz temblorosa de ella diciéndole a Rodrigo que lo amaba, después correr a la recámara por Matías y el escape a gran velocidad por las escaleras del edificio hasta llegar al auto. Me asomé por la ventana: el auto se fue haciendo cada vez más pequeño hasta que se confundió con los demás vehículos en la gran avenida. El hospital, por lo que había podido deducir, quedaba al otro lado de la ciudad. Me he hecho algunas ideas de cómo son aquellos lugares: sitios impersonales, llenos de mucha gente, con enfermeras por todos lados y el sonido de varias máquinas de escribir. En realidad, esas ideas no las saco de los libros sino de las películas o series que veo con la familia. Me echo sobre las piernas de alguno de ellos o sobre un cojín mullido y miro la pantalla. Supongo que ellos piensan que me atraen los destellos del televisor, que me hipnotizan los colores y el movimiento. Está bien que crean eso. Lo cierto era que, en algún sitio de la ciudad, estaban reunidos los López, incluso el pequeño Matías, alrededor de una cama de hospital, iluminados por luces muy blancas, quizás atestiguando los últimos momentos del hombre.

Al día siguiente llegó Frida con Matías. Seguramente había pedido el día en su trabajo. Aún era temprano. Frida me miró, me acarició atrás de las orejas, y suspiró largamente. Yo ronroneé un poco para tratar de confortarla. Sus párpados estaban un poco hinchados. Después fue a la recámara. Ahí, escogió un vestido negro para ella y un traje del mismo color para Rodrigo. Se miró en el gran espejo de la recámara mientras se vestía. Había resignación, pero, sobre todo, tristeza en cada uno de sus movimientos. Quise creer que el señor no había sufrido en sus últimos instantes. Después comencé a pensar en la serie de rituales humanos que surgen cuando alguien fallece. Había visto en algunas películas algo de eso: un ataúd en un cuarto muy grande, escoltado por velas blancas. También recordaba una procesión en un cementerio, personas vestidas de negro, rezos y más rezos. Era todo tan extraño para mí. ¿Por qué esas costumbres? ¿Acaso tenían la certeza de que esos ritos ayudaban, de alguna manera, al difunto? ¿Acaso lo ayudaban a llegar al cielo? Después comprendí que no lo hacían por lo que habían partido sino por ellos mismos.

Capítulo 3

Pasaron con lentitud las siguientes semanas. El ciclo, poco a poco, volvió: trabajo de lunes a viernes; sábados y domingos a hacer compras y recuperar el aliento para empezar, de nuevo, el lunes. Sin embargo, a pesar de que la familia hacía las mismas cosas, había algo diferente. Por supuesto, la muerte del padre de Rodrigo aún pesaba y eso se podía sentir en el ambiente. Las pláticas que antes animaban las comidas ahora eran breves intercambios de palabras. Sólo el pequeño Matías permanecía inmune a la tristeza. Ahora, cuando ellos salían de casa, en lugar de ir por un libro, me quedaba pensando y pensando. La muerte para los gatos tiene un significado diferente. Nosotros no creemos mucho en el futuro. Vivimos en el instante, segundo a segundo, sin preocuparnos por lo que dejamos atrás y lo que viene adelante. Cuando llega nuestro momento de partir simplemente vamos a un rincón para estar solos, lejos de todo. Así, en completa paz, esperamos hasta que nuestro espíritu se desvanece, se funde con el aire que nos rodea, y nuestra esencia regresa —de una manera misteriosa— a la naturaleza. Los humanos no son así: ellos disfrutan la comunidad, los lazos que construyen durante todas sus vidas. A veces les cuesta superar algún trance del pasado. Es como si tuvieran un ancla enorme e invisible atada a sus cuerpos. Yo veo a este tipo de personas cuando me asomo por la ventana: van por la calle, encorvadas y cabizbajas, hablando con desesperación por sus teléfonos, sin darse cuenta del mundo que los rodea. En aquel momento temía que Rodrigo sucumbiera a la tristeza, que viviera siempre en el pasado, extrañando a su padre, quizás arrepentido de las cosas que no le dijo o extrañando las cosas que ya no podrían hacer juntos. ¿Cómo ayudarlo?

Llegó junio, después julio y agosto. En septiembre el clima dejó de ser caluroso. Las tardes de octubre se cubrieron de nubes. Las lluvias eran esporádicas pero copiosas. Una ligera brisa húmeda recorría la ciudad de Puebla. En poco tiempo acabaría un año más. El pequeño Matías intentaba balbuceos cada vez más complejos, ruidos

todavía ininteligibles que, algún día, forma-
rían palabras. "Pobres humanos", pensaba
yo mientras veía al niño gatear por la sala,
"yo, a los dos meses de edad, podía tre-
parme a casi cualquier cosa y dominaba
casi todo el vocabulario felino". Rodrigo se
había refugiado en el trabajo para tratar de
volver a la normalidad. En las noches, después de que Frida le besaba la frente y le
deseaba buenas noches, iba al escritorio
que tenía en el cuarto al fondo del departamento. Algún día lo ocuparía Matías. Rodrigo prendía una pequeña lámpara y revi-
saba en la computadora sus pendientes.
Yo, subía al escritorio y lo miraba fijamente. Él sentía el peso de mis grandes
ojos azules y me acariciaba las mejillas. A
veces parecía que estaba a punto de

dirigirme la palabra, pero se arrepentía de inmediato. Quizás sospechaba, como lo sabemos los gatos, que las palabras no son necesarias, sólo basta la sensación de proximidad, quizás la simple compañía, para sentir consuelo. Después de un buen rato, cuando el sueño comenzaba a vencerlo, iba a la cocina a rellenar mi tazón con croquetas y a poner agua limpia. Yo, habituada a la vida nocturna, recorría el departamento mientras la familia dormía para comprobar que todo estuviera en orden. Más tarde, cuando también me llegaba la hora de conciliar el sueño, regresaba a la recámara principal. Ahí, en un pequeño sillón, encontraba mi manta. Estaba frente a ellos, mirando con mis grandes ojos azules a los tres seres que conformaban mi familia humana. Se suele decir que los gatos somos huraños pero es uno de tantos mitos sobre nosotros. Cuando convivimos de cerca con otros gatos o seres humanos, podemos convertirnos en su sombra. Yo estimo a los López y no me gustaba que estuvieran pasando por ese trance.

Por aquellos días hacía pequeñas escapadas nocturnas por los edificios vecinos. A veces me gusta salir del departamento para explorar un poco la azotea y observar el mundo desde la altura. Esas excursiones son otro secreto que los López ni siquiera sospechan. El procedimiento es simple: sólo espero a que estén profundamente dormidos y me acerco a una pequeña ventila que está en una de las ventanas de la cocina, a un lado de la estufa. He desarrollado toda una técnica para abrirla. Primero, la empujo con mi pata derecha hasta lograr un espacio suficiente para que puedan afianzarse mis garras. Una vez hecho esto, doy dos o tres zarpazos hasta que la recorro a la mitad. En el exterior recupero mi condición más instintiva, más salvaje, y me paseo por las orillas de los tejados y los filos de las azoteas. Me siento una leona contemplando sus dominios. Soy Peluche Primera, reina del horizonte y de todo el universo conocido. Me gusta la ciudad de Puebla de noche, sobre todo el Centro Histórico: las cúpulas de las iglesias resplandecen y los edificios coloniales parecen hechos de merengue. Ahí estoy un rato, captando el aire fresco de la noche e imaginando las vidas de los humanos que, a esa hora, se preparan para afrontar el siguiente día de labor. La madrugada del primero de noviembre, después de una breve lluvia que dejó algunos charcos en las calles, decidí que sería buena idea salir a dar un vistazo. En poco tiempo subí a la azotea. Había luna llena. Me la quedé mirando un rato, sumida en mis reflexiones, cuando escuché:

–¡Hola, Peluche!

Respingué de sorpresa y me puse en guardia.

–No te asustes – volví a escuchar.

De una maceta salió un gato gordo, blanco con negro. Sus ojos amarillos relampagueaban en la oscuridad. Se llamaba Pifas y le gustaba su nombre. Tenía varios meses que no lo veía. Alguna vez había vivido con una familia, pero los abandonó para recorrer un poco el mundo. Siempre decía que algún día iría a la gran capital, pero siempre terminaba arrepintiéndose y sólo llegaba un poco más allá de la avenida principal, aquella que delimitaba la colonia. Yo lo veía deambular por las azoteas de los edificios de enfrente, quizás al acecho de un ratón u otro bicho. Su sobrepeso le impedía ser efectivo en la caza aunque siempre trataba de disimular su derrota y aparentaba que todo estaba bajo control. Era un mago de las apariencias. Algunos vecinos de buen corazón le dejaban comida afuera de sus casas y por eso estaba sobrealimentado. Él decía que, una de las ventajas de estar gordo, era que resistía mejor el invierno.

–Hola, Pifas – le dije sin mucha simpatía.

– ¿Qué haces por acá? – dijo él mientras se lamía una de sus patas –¿Te echaron de la casa?

– Salí a dar una vuelta porque necesito un poco de aire fresco –le contesté, orgullosa. Pifas dio una pequeña vuelta, se sentó y enroscó la cola. Cuando estaba aburrido le daba por buscar a otros gatos y contarles los últimos chismes de la colonia. Le encantaba meterse en la vida de los demás. Por eso no fue extraño que me mirara fijamente y me dijera:

– Tú estás preocupada.

Guardé silencio. Me molestaba que ese gato gordo descubriera, de pronto, mi estado de ánimo.

– ¿Se puede saber por qué? – arremetió de nuevo, asumiendo mi respuesta.

Usualmente no le habría contado nada. Pero, esa noche, en la populosa ciudad de Puebla que, de repente, parecía estar deshabitada, sentí la necesidad de decirle a alguien lo que había pasado los últimos meses. Así que le conté del fallecimiento del padre de Rodrigo y el sentimiento de tristeza que prevalecía en el ánimo de la familia.

– Los humanos son muy extraños –dijo Pifas –no superan la muerte de sus familiares y amigos. Tan fácil que es seguir con la vida y sus placeres.

Yo asentí en silencio aunque sin estar convencida del todo de la afirmación. Nos quedamos un rato sin saber qué decir. Entonces, cuando estaba a punto de despedirme, noté que Pifas tenía un diminuto brillo en el lomo. Era una luz metida en su pelaje oscuro. Agucé la vista. Pifas se dio cuenta de mi curiosidad y me preguntó:

– ¿Qué pasa?

– Tienes algo pegado en el lomo –le dije.

Él intentó mirar pero su gordura le impedía tener una visión completa de su cuerpo. Me acerqué y, en ese momento, el brillo se desprendió, voló un poco y llegó al piso: era un pétalo amarillo y muy oloroso.

Pifas me dijo:

– Seguro? se me pegó en el pasillo de la señora Gómez. Acaba de comprar muchas flores llenas de esos pétalos. A veces me deja comida en el pasillo. Una vez pude entrar a su departamento y me robé un pedazo de pan.

Yo miraba la flor como si fuera parte de un milagro o un mensaje.

– El pan me hizo daño –siguió Pifas, indiferente a mi descubrimiento –desde entonces no lo pruebo ni aunque me lo regalen.

– Es el pétalo de una flor de cempasúchil – dije.

– ¿Qué?

– La flor de los muertos.

Pifas se me quedó mirando, entre sorprendido e incrédulo. Suspiré ya que ese gato inculto no tenía idea de lo que estaba hablando. Apresé el pétalo en mi garra derecha para que no se lo llevara el viento y le dije:

– Esa flor, según las creencias de los antiguos mesoamericanos, guía a los muertos para que se reencuentren con sus familiares la noche del 2 de noviembre.

– Claro, se acerca el Día de Muertos – dijo Pifas –pero no conocía el significado de la flor, sólo sé que está por todos lados en estas fechas.

– Bueno, pues hay toda una historia atrás de la flor y de las ofrendas en donde son puestas.

– Cuéntame – dijo, ansioso –la señora Gómez perdió hace un par de años a su esposo, seguro las flores son para él.

Entonces, haciendo gala de toda mi erudición, ya que Frida tenía un par de libros sobre tradiciones mexicanas, le conté:

"Como sabes en México el Día de Muertos es una fecha muy especial. En casi todos los rincones del país se celebra a las personas que han dejado este mundo. En Puebla, por supuesto, se respeta la tradición. En casas y escuelas se ponen altares y ofrendas dedicados a los muertos. Incluso hacen concursos y premian a los más bonitos. Es difícil entender a los mexicanos, pues en otras partes del mundo la muerte no se celebra, es una especie de duelo que se conmemora en silencio y vestidos de negro. En cambio, en México, hay una explosión de color. En las calles de ciudades como Puebla se percibe una mezcla de respeto, nostalgia, pero también de alegría. Es como si estuviera a punto de ocurrir un reencuentro con alguien a quien no has visto en mucho tiempo.

– ¿Entonces vuelven los muertos? –exclamó Pifas abriendo mucho los ojos.

– Es algo simbólico, supongo, aunque una tía mía, una gata fina que vive en la Ciudad de México, me dijo que vio al espíritu de una mujer, pariente cercana de su humana, husmeando en la ofrenda que le habían dedicado. No sé si creer esa historia.

– ¿Tus humanos ponen una ofrenda a sus muertos?

– Nunca lo han hecho, quizás por eso no he podido comprobar si el rito funciona – respondí un tanto incrédula.

– Estaré atento en estos días – dijo Pifas un poco temeroso –ya está cerca el 2 de noviembre.

– Te sigo contando para que aprendas un poco más –le dije– las ofrendas y altares se ponen antes de la noche del 2 de noviembre para que todo esté listo antes de la llegada de los difuntos. Las ofrendas están compuestas por la comida que le gustaba a la persona y objetos personales. Hay para todos los gustos: mole, diferentes guisos con chile, atole, incluso se ponen botellas de tequila o de cerveza. También se debe poner copal, que es una resina aromática parecida al incienso. Todo esto contribuye, como podrás imaginar, a crear una atmósfera especial en las casas en donde se ponen las ofrendas.

– La señora Gómez ha ido al mercado un par de veces. Compró un par de pencas de plátano, jícamas y mandarinas –recordó Pifas.

– Por supuesto –le dije más animada porque empezaba a recordar más cosas –no sólo se pone comida preparada, guisos tradicionales, también se ofrecen a los difuntos las frutas que más les gustaban. Hay un pan muy especial, se llama Pan de Muerto, es dulce y de forma redonda. En la parte superior hay una protuberancia que semeja un cráneo y, a los lados, relieves que representan huesos humanos. En Puebla hacen una versión un poco diferente: la masa tiene como ingrediente especial un poco de jerez y agua de azahar. La cubierta

no es azucarada y tiene semillas de ajon-
jolí.

– Ya me está dando hambre de nuevo –
dijo Pifas casi ronroneando de placer –
además, ¡ya casi es 2 de noviembre!

– Tal vez te gustarían más las calaveritas
de azúcar.

– ¿Cómo son?

–Son cráneos hechos de azúcar y cara-
melo. A cada una de ellas se le pone en la
frente un papel de colores brillantes con el
nombre de una persona conocida. Se le
puede regalar por estas fechas. Por supuesto, en la ofrenda también pueden ir calaveritas de azúcar con el nombre de la persona fallecida.

– Vaya, qué interesante –dijo Pifas –estaré atento por si encuentro calaveritas de azúcar con nuestros nombres.

– Lo veo poco probable –contesté burlándome un poco de la ingenuidad de mi amigo –lo cierto es que casi cualquier ofrenda es un festín para los sentidos. Imagina cuántos olores, cuántas esencias concentradas en un solo lugar.

– Ya lo creo.

– Además, los altares se adornan con papel picado, una artesanía hecha con papel muy fino al cual se le hacen varios cortes hasta formar varias figuras muy interesantes. En la parte central de la ofrenda se coloca una foto del muerto. Algunas familias ponen sus pertenencias: alguna prenda de vestir favorita, quizás los lentes que usaba u otro objeto querido. Todo depende del gusto del familiar que se encarga de la ofrenda.

– ¿Y qué tienen que ver con todo esto las flores de cempasúchil? –preguntó Pifas.

– Es cierto. Se me olvidaba. Tienen un papel muy importante. Verás, según la tradición, los muertos viajan desde el más allá la madrugada del 2 de noviembre. Por esta razón sus familiares deben hacer todo lo posible para guiarlos por el camino de regreso. Las flores de cempasúchil, según las creencias de las culturas mesoamericanas, guardan el calor del sol, por eso su coloración es intensa, entre amarilla y naranja. De esta manera, los muertos pueden ver la ruta iluminada y llegan sin problemas a los lugares que habitaron.

- ¿Y qué pasa con la comida el día siguiente?

- Pues los humanos vivos organizan una reunión familiar en la que comparten los alimentos.

- Estaré atento el día siguiente por si la señora Gómez quiere compartir su comida conmigo - dijo Pifas relamiéndose los bigotes -me asombra que esta tradición haya sobrevivido tanto tiempo.

- Sí, con la llegada de los conquistadores españoles la costumbre prehispánica se fundió con parte de los ritos católicos y así ha llegado hasta nuestros días. Por eso esta tradición es única.

- ¿Y le pondrán ofrendas a los gatos?

- Nunca lo había pensado - contesté, divertida, por la ocurrencia.

Estaba muy emocionada por la historia que le había contado a Pifas. Los dos veíamos ese humilde pétalo como un pedazo de sol, una brizna de hierba dorada casi perdida en la noche. Yo sabía que en mis palabras había una clave que debía desentrañar. Pifas miraba la noche y la luna llena que flotaba en la oscuridad. Por un momento sus grandes ojos amarillos parecieron dos hermosas flores de cempasúchil.

– ¡Ya sé! – exclamé emocionada.

Pifas casi dio un brinco por mi reacción.

– ¿Qué pasa?

– Necesitamos una flor de cempasúchil completa. Quizás si la ven los López se les ocurra poner una ofrenda.

- ¿Crees que regrese el papá de Rodrigo? –preguntó Pifas entre asustado e incrédulo.

- No sé. Pero creo que el solo hecho de poner una ofrenda puede ayudar –le respondí mientras pensaba en el significado que le dan los humanos a las ceremonias que hacen juntos.

- Bueno, pues podemos ir afuera del departamento de la señora Gómez. Quizás haya una flor por ahí.

- Vamos –le dije– tenemos que aprovechar la noche.

Bajamos a toda velocidad por las escaleras del edificio. En la calle había unos autos estacionados. Nos escondimos debajo de uno para esperar el momento adecuado para cruzar. Pifas estaba un poco agotado por la carrera, pero había emoción en su cara. Después del paso de una motocicleta cruzamos la calle. Ya en la banqueta de enfrente, observamos hacia arriba: el edificio parecía una enorme montaña rectangular repleta de ojos rectangulares. Algunos estaban iluminados.

– La señora vive en el cuarto piso –dijo Pifas.

– Adelante –dije, emocionada.

La reja que protegía la entrada tenía barrotes largos. Yo pasé con facilidad entre ellos, pero Pifas se quedó atorado en su primer intento. Tuve que regresar y empujarlo desde atrás con todas mis fuerzas para que consiguiera pasar al otro lado.

– Imagínate si estuvieras huyendo de un perro –le dije entre risas.

Subimos por las escaleras hasta llegar al cuarto piso. En efecto, en el suelo estaban esparcidos decenas de pétalos de cempasúchil. Parecían los restos de una lluvia resplandeciente y fragante. Sin embargo, no había una sola flor completa. Pifas recuperaba el aliento y, con voz entrecortada, me dijo:

– Qué lástima. Todas las flores están adentro.

– Debemos conseguir una – le dije, aferrada a cumplir con mi objetivo.

– Podemos revisar la pequeña ventana del baño. A veces la deja abierta, por ahí podemos entrar.

– Muy bien –le dije, haciéndole señas para que me siguiera.

– Yo te espero aquí –murmuró Pifas –voy a vigilar para que nadie nos sorprenda.

Lo miré cómo se ponía en guardia y aguzaba la vista para demostrar que estaba muy pendiente del pasillo vacío. Ya encontraría otro momento para que siguiera haciendo ejercicio.

Salté con agilidad hasta lo alto de un pequeño muro que limitaba el pasillo con el cubo de las escaleras. Después me impulsé hasta el quicio de la ventana de la habitación principal del departamento. A los gatos nos gustan los retos, así que hice equilibrio en esa angosta saliente hasta que pude dar vuelta y llegar a la parte trasera. Ahí, con un poco más de esfuerzo, logré llegar a un barandal de herrería color negro. Desde ese sitio pude ver la pequeña ventana del baño. Sonreí ya que estaba abierta. La distancia era respetable pero, con suficiente fuerza, podría lograrlo. Hice una respiración profunda y volé por los aires hasta llegar a mi objetivo. Me afiancé con mis garras y me apoyé hasta que pude entrar por el espacio abierto de la ventana. Salté a la tapa del excusado. El baño estaba oscuro pero no tuve muchas dificultades para dar con la puerta que estaba entornada. Iba muy despacio, cuidando de no tropezar con nada para no delatar mi presencia. Pronto estuve en la sala. Del otro lado se podía ver la cocina, una mesa pequeña y dos sillas. Di un respingo cuando escuché una especie de gruñido. Afiné mi sentido del oído y descubrí que era, en realidad, un ronroneo muy parecido al que hacemos los gatos cuando estamos contentos o alguien nos rasca atrás de las orejas. ¿Qué extraño animal emitía ese ruido? Conforme recorría poco a poco la sala el sonido fue cada vez más familiar hasta que, por fin, llegó la certeza: la señora Gómez, desde su recámara, roncaba estrepitosamente. A veces era un pequeño silbido pero, por momentos, era como el ronroneo de varios gatos juntos. El ronquido de la humana me daba la certeza de que estaba profundamente dormida. A pesar de eso no podía confiarme y tuve que resistir la tentación de afilar mis garras en uno de los sillones.

En la sala había un gran ramo de flores de cempasúchil en una cubeta con agua. El olor fragante llenaba todo el ambiente. Las flores parecían un incendio en la penumbra. El amarillo anaranjado de sus pétalos era mágico. Había, en una de las sillas, un poco de papel picado. Todo lo que había leído era real. También vi un pequeño incensario para el copal. En un rincón, sobre una mesa pequeña, distinguí dos piezas de Pan de Muerto, cañas de azúcar, jícamas y unos tejocotes. Quise investigar más y me acerqué a la cocina. Los ronquidos de la señora Gómez me daban la confianza de que no despertaría fácilmente.

La cocina tenía azulejos de color azul y blanco, muy tradicionales de Puebla. Había leído que ese tipo de cerámica, llamada

Talavera, tenía influencia árabe y española. Las grecas y dibujos geométricos eran maravillosos. En la cocina el aroma del cempasúchil era sustituido por el olor a clavo, chocolate, pimienta, orégano, romero y chiles secos. En las hornillas de la estufa había un par de cazuelas de barro. Agradecí que no estuviera conmigo Pifas porque su torpeza habría ocasionado un accidente. No pude resistir la curiosidad (los gatos siempre queremos investigar todo) y, desde una repisa, me asomé para ver el interior de las cazuelas. En el interior había pasta para hacer mole, una especie de salsa que tiene chocolate, caldo de pollo, almendras, plátanos, ajo y muchos otros ingredientes. En la otra cazuela había chiles poblanos que después, cómo había leído, serían rellenados con queso. También distinguí tomates verdes, calabazas, chiles pequeños y arrugados. Imaginé a la señora Gómez cocinando en completa soledad, quizás recordando alguna comida que había tenido con su marido. ¿Qué recuerdan los humanos? De repente pensé en las cosas que se pueden recordar: una tarde de lluvia, una plática quizás intrascendente pero que después es evocada como algo mágico. Los gatos nos movemos en un mundo efímero, pero a los humanos les gusta visitar sus recuerdos. Quizás, en ese momento, entre ronquido y ronquido, la señora Gómez estaba soñando con su marido. Volví a la sala. Me sentí transformada por lo que había visto y olido. Me di cuenta que, adentro de una vitrina, en un marco redondo, estaba una foto de ella con su marido. Era su foto de bodas. La luz de la luna y mi agudo sentido de la vista me permitieron ver muchos detalles en la imagen: el vestido blanco, el tocado en la cabeza, el ramo de flores; también la corbata de moño del novio, el traje oscuro y los zapatos lustrosos. Estaban bajo la puerta principal de una iglesia; los rodeaban amigos y familiares. ¿Cuánto tiempo había pasado desde entonces? Sentí pena por la separación y, por un momento, creí un poco más en la posibilidad de que él regresara el Día de Muertos para confortarla, estar con ella en esa fecha única.

Exploré un poco más la sala hasta dejar satisfecha mi curiosidad. Temí que ocurriera algún imprevisto así que me concentré en mi objetivo: me dirigí a la cubeta donde estaban las flores y, después de examinarlas cuidadosamente, escogí la más grande y de color más intenso. La apresé entre mis dientes, cuidando no dañar el tallo, y me dirigí de nuevo en dirección al baño. Los ronquidos habían permanecido casi inalterables. La señora Gómez no se daría cuenta del hurto y yo ganaba una oportunidad para que los López volvieran a ser los de antes. El camino de regreso fue complicado porque el tallo de la flor era largo. Tuve que salir con mucho cuidado por la ventana del baño y tratar de no perder el equilibrio. Me sentía la funambulista estrella de un circo.

– ¡Qué flor tan grande! –exclamó Pifas cuando regresé con mi trofeo.

– Fue muy sencillo – le dije orgullosa por mi logro.

– ¿Y ahora qué sigue?

– Tengo que dejar la flor en un lugar visible y esperar que algún miembro de la familia decida poner la ofrenda.

– ¿Crees que funcione?

– No sé, pero hay que intentarlo.

Regresamos por el mismo camino. En la reja principal del edificio tuve que dejar a la flor en el piso para pasar al otro lado y, luego, arrastrarla. Pifas tuvo que aguantar la respiración y sumir la panza para no tener problemas con los barrotes. ¡Qué complicado es para un gato transportar algo tan simple como una flor! Pero sentía que valía la pena todo mi esfuerzo.

– ¡Buena suerte! –me deseó Pifas antes de despedirnos en la calle.

– Te contaré después qué fue lo que pasó – le dije.

Ya en el departamento tuve que decidir dónde dejaría la flor de cempasúchil. Tendría que ser en un lugar que estuviera a la vista para que cualquiera de mis humanos la encontrara fácilmente. Decidí dejarla en una repisa junto a la mesa del comedor. Ahí guardaban las llaves, los recibos de la luz y objetos de uso diario. No podrían ignorarla. Después de algunos cálculos salté y, con mucho cuidado, dejé la flor junto a una pequeña canasta hecha de palma. En un par de horas amanecería. Sólo habría

que tener un poco de suerte para que siguiera en marcha mi plan.

Capítulo 4

Llegaron las primeras señales del amanecer. Un poco de frío entumía a la ciudad de Puebla. En las calles ya se empezaba a escuchar el trajinar de autos y camiones. Apenas había podido dormitar un poco, nerviosa por lo que pasaría. Iba y venía por el departamento para comprobar si la familia ya había despertado. Miraba con ansias el despertador que tenían en un buró. Cuando dieron las siete de la mañana, el reloj al fin sonó y la familia comenzó a despertar. Yo seguía paso a paso todo lo que hacían. Era como una gata guardiana.

– Está un poco rara Peluche –le dijo Rodrigo a Frida.

– ¿Qué tiene?

– No tengo idea, no se ha separado de nosotros desde que despertamos.

– Voy a revisar su tazón. A lo mejor le hace falta comida.

El desayuno se llevó a cabo con normalidad. Matías aún estaba un poco somnoliento. Frida comentó algo acerca de las vacaciones de fin de año. Rodrigo pensó que era buena idea ir de viaje a la playa. Sería la primera vez que Matías vería el mar. Yo los miraba desde la sala. Después de dejar los trastes en el fregadero, se alistaron para salir a sus trabajos. Frida fue a la recámara principal para ir por la pequeña maleta del niño. Rodrigo revisó el nudo de su corbata y fue a la repisa para buscar las llaves. Casi suelto un maullido cuando su mano rozó la flor de cempasúchil. Rodrigo se la quedó mirando, sorprendido, y le preguntó a Frida que aún estaba en la recámara:

– ¿De dónde salió esta flor de cempasúchil?

– No lo sé.

– Qué curioso.

Ella caminó a la puerta de entrada, se acercó a Rodrigo y le dio un beso en la mejilla.

– Es bonita –le dijo.

– Sí... pero ¿cómo llegó aquí?

Frida se encogió de hombros. Rodrigo la miró una y otra vez, como si fuera la única flor del mundo. Se preguntaba una y otra vez cómo había llegado al espacio cerrado del departamento. Tomó la flor y se dirigió a la cocina. Yo trataba de no perder ninguno de sus movimientos. Rodrigo se acercó a un rincón, quitó la tapa del bote de la basura, pero se arrepintió en el último instante. La flor emitía destellos en medio de la luz de la mañana, como si fuera una estrella perdida.

Yo quería decirle que la conservara, pero lo único que podía hacer era atestiguar toda la escena y confiar en mis instintos gatunos.

Rodrigo suspiró, se acercó a la alacena, sacó un vaso de vidrio, le puso agua y dejó ahí a la flor. Después llevó el vaso a la mesa de centro. El amarillo y naranja parecían más vivos a esa hora del día. Frida tomó de la mano al pequeño Matías y le enseñó:

– Mira, Matías, es una flor de Cempasúchil. Es una palabra náhuatl: cempohuali significa veinte y xóchitl flor, es decir, veinte flores.

Frida le dio un beso al niño; se le iluminó la mirada y le dijo a Rodrigo:

– ¿Por qué no hacemos una ofrenda? Será una buena experiencia para Matías. En la guardería pusieron una.

– Hay que pensarlo – respondió Rodrigo, todavía indeciso –muchos están haciendo compras de último minuto y el tráfico se pone insoportable.

Frida le reprochó, con la mirada, las excusas. Yo sabía que Rodrigo quería evitar el recuerdo de su padre. Supuse que, su muerte, aún reciente, era una herida que aún dolía. Habría que esperar para saber su decisión. Estuve vigilando la flor todo ese día. No podía permitir que le pasara nada. Era un tesoro, quizás el más importante que había tenido. Era como guardar un pedazo de sol. Tuve que combatir a un par de moscas y un mosquito que merodeaban por la sala. A veces dormitaba cerca de ella y despertaba con la sensación de que algo malo le había pasado. A ratos pensaba en la decisión que tomarían los López. ¿Pondrían la ofrenda o sólo dejarían la flor ahí, unos días más, hasta que los pétalos comenzaran a caer y la vida siguiera su curso normal?

Seguí en mi papel de gata guardiana hasta que llegó la tarde. Escuché los pasos en la escalera y el sonido del picaporte. Casi brinco hasta las cortinas cuando Rodrigo entró por la puerta con un enorme ramo de flores de cempasúchil y unos manteles de papel picado. Después, un par de cajas con diferentes frutas y Pan de Muerto. Fue necesario un viaje más al auto para traer velas, un incensario y unos platos de barro.

Después de acomodar algunas cosas y tomar un café, decidieron echar manos a la obra. Se pusieron de acuerdo para decidir en qué lugar del departamento debería ir la ofrenda y cuál mesa utilizarían. El pequeño Matías parecía contento con el cambio de rutina: reía y daba pequeñas palmadas. Los López ya no estaban, como todas las tardes, prendiendo el televisor, revisando trabajos o mandando correos por la computadora. Ahora trabajaban en equipo para que la ofrenda estuviera lista esa misma noche.

– Falta comida.

– Tengo unos tamales en el refrigerador, a tu papá le gustaban mucho.

– Muy bien. Yo voy por una fotografía y a ver qué encuentro en el armario de la recámara.

– Tenemos que apurarnos.

Extendieron sobre la mesa de centro varios pliegos de papel picado. Las escenas representaban esqueletos bailando y brindando con jarros de pulque, una bebida fermentada hecha de maguey. Colocaron el Pan de Muerto, fruta, y los tamales. Frida cargó a Matías mientras Rodrigo colocaba cuatro velas blancas alrededor de la ofrenda.

– Falta un detalle importante –recordó él.

– Es cierto, se nos estaba olvidando.

Rodrigo salió del departamento. Yo salté por los sillones para ir a la ventana grande de la sala. Vi que sacó de la cajuela del auto una caja de zapatos ¿Qué había ahí?

– ¡Listo! –dijo cuando entró de nuevo por la puerta.

Yo estaba intrigada. ¿Sería algún tipo de adorno? ¿Más flores? Rodrigo comenzó a sacar de la caja calaveritas de azúcar: eran muy blancas y estaban adornadas con papeles de colores azul, amarillo y rosa brillante. Cada una tenía un nombre en la frente. Colocó en la mesa, junto a uno de los panes de Muerto, la que tenía el papel de "Rodrigo", después puso las que correspondían a Frida, Matías y Arturo –que era el nombre del abuelo. Una última calaverita salió de la caja.

– Esta es especial – dijo Frida, sonriendo, mientras Rodrigo sacaba la última y la ponía con las otras.

Me acerqué para ver mejor y encontré una calaverita de azúcar más pequeña que el resto. En la frente tenía un papel color rosa con la palabra "Peluche". Por primera vez me sentí orgullosa de mi nombre. Rodrigo me acarició la cabeza y me pidió que no atacara la ofrenda tal y como hacía con el árbol de Navidad todos los años. Yo lo miré y

pestañeé lentamente. Intentaría no abalan-
zarme sobre las luces de colores y las esfe-
ras que parecían retarme para tirarlas de su
lugar y jugar con ellas.

La ofrenda había quedado muy linda. Parecía, en realidad, un regalo. Todo el departamento se llenó de mucho color; los olores
se complementaban, como los instrumen-
tos de una orquesta.

Estuvieron un rato platicando en la sala.
Frida prendió las velas y apagaron las luces
de la sala. Quemaron un poco de copal en el
incensario y pusieron la flor que había ro-
bado en el centro, junto a la fotografía. Por
un momento imaginé que estábamos en
tiempos de los Aztecas, cuando empezó la
tradición. Casi podía escuchar los cantos rituales y el sonido de los tambores.

Por primera vez, desde la muerte del padre de Rodrigo, hablaron de él. Recordaron cuando les ayudó a dar el enganche para el departamento y cuando cuidó a Matías. Recordaron, también, los regalos que les hacía cada fin de año y los chistes y anécdotas que contaba a la menor provocación. Conforme más recordaban creaban una atmósfera de tranquilidad. Yo escuché todas las historias a un lado de ellos, casi sin parpadear. Comprendí que Arturo no era un tipo descortés, como lo había imaginado, sino un hombre amable que, como nos sucede a todos, tenía malos momentos.

Después de la charla la familia apagó las velas y el copal. Rodrigo volvió a advertirme que no destruyera la ofrenda. Le contesté con un maullido muy tenue para que supiera que esta vez me portaría a la altura de las circunstancias. Una vez que los López se fueron a la recámara principal, me quedé en uno de los sillones de la sala. Quería estar junto a la ofrenda. Sentía que mi esencia gatuna se transformaba en la de un Xoloitzcuintle, el perro de los Aztecas que acompañaba a los muertos al Mictlán, es decir, el inframundo. La luz de la luna que entraba por la ventana iluminaba las calaveritas. Me sentía satisfecha: no sabía a ciencia cierta si Rodrigo sería el mismo de antes, pero al menos la familia había pasado un buen momento. Quizás esa noche sería el inicio de un cambio gradual. Pensé en la señora Gómez. Quizás estaría en ese momento junto a su ofrenda, mirando las velas blancas y recordando a su marido. En esa noche, en muchos lugares de México, había más luces de las habituales. Los cementerios estaban llenos de personas. Había leído que en algunos pueblos las familias se quedaban toda la noche en la tumba de su ser querido. La adornan con flores de cempasúchil y la perfuman con copal. Ahí mismo comen. Los cementerios ya no están oscuros y parecen un cielo estrellado. Seguía fantaseando con estas ideas, esperando que me venciera el sueño, cuando me di cuenta del silencio inusual que me rodeaba. Los gatos tenemos un sentido del oído muy fino y detectamos todo tipo de sonidos. En ese instante no detecté nada. Era como si se hubiera apagado el mundo. Me levanté de mi lugar y me asomé por la ventana: la ciudad parecía la misma de siempre. Extrañada, volví al sillón y, entonces, ocurrió. Primero fue una leve brisa de aire frío que recorrió la sala.

Después la luz de la luna se hizo más blanca y los objetos de la ofrenda parecieron flotar sobre la mesa. Es sabido que los gatos podemos observar fenómenos de la naturaleza que no pueden ser detectados por los humanos y otros animales, así que puse toda mi atención para tratar de averiguar qué estaba pasando. Estaba afinando todos mis poderes sensoriales cuando miré que algo estaba al otro lado de la ventana. Era una silueta que fue ganando consistencia con el transcurrir de los segundos. Pude distinguir una cabeza, unos ojos, las piernas y los brazos. En cuestión de instantes un hombre estaba al otro lado de la ventana, balanceándose como un globo. No podía dar crédito a lo que sucedía. El hombre tomó impulso y, echando el cuerpo hacia adelante, llegó hasta el vidrio de la ventana.

Una vez ahí, simplemente, pasó al interior del departamento. Era Arturo, el padre de Rodrigo, que venía de visita desde el país de los muertos.

Arturo estaba vestido con una gabardina larga y un saco color negro. Se veía contento aunque un poco fatigado. Yo guardaba mi distancia, aún desconfiada de lo que estaba presenciando. Él percibió mi temor, se puso en cuclillas y, mirándome fijamente, me saludó:

– Hola, Peluche.

Se me erizó un poco el pelo del lomo y la cola, pero me dominé. Recordé que una gata como yo nunca debe perder la compostura. Me acerqué a sus piernas para tratar de olfatearlo, pero no olía a nada, era como si estuviera ante un espacio lleno de aire puro o alguna sustancia indescifrable.

Él acercó su mano derecha para que pudiera oler mejor y, después, me tocó la cabeza y las orejas. Sentí una especie de calor muy agradable, como un toque sutil y eléctrico. Arturo se enderezó y me dijo:

– Ha sido un largo camino.

– ¿De dónde vienes? –me animé a preguntarle.

– De muy lejos –sonrió y se acercó a la ofrenda –pero ha valido la pena.

Recorrió con sus manos el Pan de Muerto, las velas y todo lo demás. Cuando miró la calaverita con mi nombre, me dijo:

– Debo agradecerte: eres una gata muy valiente y buena lectora.

– ¿Cómo lo sabes?

– Allá, de donde vengo, sabemos muchas cosas de acá.

Me arrepentí de haber tenido una mala impresión de él en el pasado. Seguramente estaba al tanto de eso. Él leyó mi pensamiento y me dijo:

– No te preocupes. Fui un poco grosero. En el país de los muertos hay muchos gatos. Ahí llegan después de agotar sus nueve vidas. Me he hecho amigo de varios.

– ¿De verdad?

– ¡Claro! Hay gatos de todo tipo. Gracias a eso he aprendido a apreciarlos.

Me sentí contenta por la reconciliación. Estaba pensando en más preguntas para hacerle cuando me di cuenta que miraba con mucho detenimiento la fotografía que estaba en el centro de la ofrenda.

– Ahí estoy, un poco más joven y con muchas esperanzas –murmuró un poco nostálgico.

– ¿Estás triste por haberte ido?

– Al inicio sí, pero después comienzas a entender todo. Es parte de un ciclo natural. Algún día lo entenderás.

Me miró con ternura y me dijo:

– Ahora vuelvo.

Lo vi internarse en el pasillo. Su figura resplandecía en la oscuridad, como si fuera la huella que deja una vela encendida. No quise seguirlo pues comprendí que necesitaba estar solo con ellos. Sin embargo, no pude dejar de imaginarlo muy cerca de la cama donde dormía su hijo. ¿Le diría algunas palabras? ¿Le confesaría algo? Después, seguramente echaría un vistazo a Frida y, por supuesto, a Matías. No lo vería crecer desde la Tierra pero, estaba segura, lo iría a visitar cada vez que su padre le contara algo de su abuelo. Eso era más que suficiente para acompañarlo.

Después de unos minutos vi que el resplandor volvía a aparecer en el pasillo. Arturo caminó por la sala y volvió a mirar la ofrenda.

–Me la llevo de recuerdo –me dijo y tomó mi flor que, en sus manos, pareció tener nueva vida, como si aún tuviera raíces en la tierra –además me servirá para alumbrar el camino de regreso.

– Que tengas buen viaje – le deseé.

– Antes de mi partida te voy a pedir algo.

– Ya no serás Peluche Primera, Reina del Horizonte y de todo el Universo Conocido. Tampoco serás Peluche reina de la azotea o de cualquier otra cosa que se te ocurra. Ahora serás Peluche, la Guardiana de la familia López. Es tu nuevo cargo.

– Muy bien – le dije alzando mucho la cola –me gusta mucho.

– Tienes que cuidarlos muy bien – me dijo con voz afable –nosotros no podemos estar en contacto directo con ellos. Cuando tengas dudas piensa las cosas detenidamente. Eres una gata juiciosa y seguramente tomarás la mejor decisión.

– De acuerdo.

– Muy bien.

Arturo se ajustó la gabardina, contempló la sala y la ofrenda por última vez. Antes de desaparecer, me dijo:

–Dile a Pifas, ese gato gordo, que le haga compañía a la señora Gómez. Verás que pueden ser buenos amigos.

–¡Seguro! – respondí mientras el aire en el departamento comenzaba a enfriarse de nuevo. En el lugar que había ocupado él quedaba un poco de polvo flotando que, muy pronto, comenzó a desvanecerse. Al inicio no sabía si lo que había vivido era un sueño, pero la sensación que tenía me indicaba que todo lo que había experimentado era real. Miré el lugar en donde había estado la flor de cempasúchil robada. Imaginé que la flor era una luz que guiaba a un amigo en un largo camino. Regresé a mi puesto en el sillón. Quizás por la intensidad de la experiencia y las emociones me quedé profundamente dormida.

Capítulo 5

Desperté cuando los López ya estaban preparándose para otro día de trabajo. Rodrigo se sorprendió que estuviera en uno de los sillones de la sala.

– ¿Qué le pasa a Peluche? Nunca se queda acá.

– No sé –respondió Frida –quizás los gatos también pueden cambiar de hábitos, como los humanos.

– Quizás –repitió Rodrigo mientras me frotaba la panza hasta hacerme ronronear.

Ese día, para cualquier observador poco perspicaz, la vida siguió con la misma rutina de siempre: escuela, trabajo, compras, obligaciones. Pero, poco a poco, las cenas y las comidas parecieron las de antes. A veces Rodrigo se detenía en medio de una frase y mencionaba algo de su padre. No lo hacía con pesadumbre sino con agradecimiento. Esa Navidad los López fueron a la playa. Matías empezó a balbucear y a querer formar palabras. Al inicio del nuevo año, una tarde fría de enero, se concentró y, ante la gran expectativa de Rodrigo y Frida, que grababan la escena con sus teléfonos celulares, pronunció muy lentamente su primera palabra: "Peeee-luuu-chee". Los López, sorprendidos por un segundo, festejaron el acontecimiento con aplausos y risas; yo no sabía qué hacer más que frotar mi cabeza en los brazos del niño.

La vida con los López no es igual que antes. Cada vez que pierdes algo hay un cambio y no se puede regresar el tiempo. Sin embargo, la tristeza ya no oprimía las noches de Rodrigo. Yo, por mi parte, sigo leyendo y leyendo. Ahora busco libros de la historia de México para saber más del lugar en el que vivo. En julio cumplo 8 años. Ya soy una gata madura pero siento que tengo aún muchas cosas por vivir. Sigo, como cualquier gato, moviéndome en el instante, pero a menudo me pregunto más por los recuerdos y lo que pasará en el futuro. También, a partir de la experiencia de esa noche, me he vuelto más sociable. De nada sirve leer si no puedo compartirlo con nadie. Ahora mis escapadas no son sólo para contemplar, desde las alturas, a la ciudad de Puebla. Pifas juntó a un pequeño grupo de gatos y nos reunimos en la azotea del edificio para que me escuchen contar las historias que he leído en los libros. Cada sesión es única y a veces me hacen preguntas que no puedo responder fácilmente, pero no importa mucho, ya algún día llegará el libro adecuado para ellas. Una noche, antes de despedirnos, le conté a Pifas todo lo que había vivido con el padre de Rodrigo esa noche de muertos. Pifas abrió mucho los ojos. Al inicio estaba incrédulo, pero los detalles lo fueron convenciendo. Se sorprendió cuando le conté las últimas palabras de Arturo.

– ¡Nunca sacrificaré mi libertad! –me dijo con aire ofendido –No soy un gato de compañía.

Sin embargo, poco a poco, fue pasando cada vez más tiempo en el departamento del cuarto piso. Al inicio estaba un rato en las tardes y luego escapaba para alguna de sus aventuras. Pronto tuvo una manta para sus siestas y un tazón con su nuevo nombre: "Gordo". En las noches, desde mi ventana, lo veo durmiendo al pie de la cama de la señora Gómez.

FIN

Table des matières

DES NOUVELLES D'AILLEURS